Género Fantasía

I0901285

Pregunta esencial
¿Cómo hace la gente para llevarse bien?

Pesca en el río

Virginia Segret Mouro
ilustrado por Enrique Moreiro

Capítulo 1

¡En viaje!

Te presento a un topo llamado Eusebio. El pequeño vive con su abuelo.

Sabemos que los topos habitan bajo tierra. Por eso disfrutan tanto del aire libre y del sol.

Eusebio y su abuelo aman la pesca y los largos baños en el río.

La tarde era hermosa y el sol brillaba. El abuelo propuso a su nieto salir de paseo. Irían al río a pescar y tomarían sol. El agua los refrescaría.

¡Qué bella tarde esperaba a Eusebio! ¡Qué divertida!

—Nos bañaremos juntos y pescaremos para la cena —dijo el abuelo.

Eusebio estaba tan feliz...

—Me gustaría invitar a mis amigos, el ratón y la ardilla. A ellos les encantará compartir con nosotros un día de pesca —dijo Eusebio, el topo.

—¡Buena idea! —exclamó el abuelo mientras ponía en marcha su carro.

—Llevaré una rica merienda para todos —dijo Eusebio feliz. Y comenzó a preparar su cesta. Allí colocó deliciosos emparedados de verduras y queso.

El ratón y la ardilla llegaron a la casa de Eusebio. Eran una muy buena compañía para disfrutar del paseo. El topito estaba dichoso.

El carro partió rumbo al río. Durante el viaje, los tres amigos y el abuelo topo cantaron alegres canciones.

—Creo que podremos preparar una cena deliciosa con los pescados —dijo el abuelo.

Capítulo 2

La pesca

Los tres amigos y el abuelo llegaron al río. El agua era clara y mansa e invitaba a la pesca.

—¡A preparar nuestras cañas y nuestros anzuelos! —propuso el abuelo.

Rato después, el balde del ratón estaba lleno de pescaditos. El topito Eusebio había conseguido solo cuatro. ¡Pero la ardilla no tenía ninguno!

—No te preocupes, ya pescarás algo tú también —le dijo el abuelo a la ardilla.

La ardilla miraba con tristeza el baldecito del ratón, lleno de pescaditos plateados.

El ratón miraba muy satisfecho el fruto de su pesca. Eusebio pensó en compartir con la ardilla los pescados.

—Tú tienes tu balde lleno. ¿Por qué no repartimos nuestra pesca con la ardilla? —le dijo Eusebio al ratón.

El ratón se sintió molesto. De ninguna manera haría eso.

Entonces, Eusebio puso dos de sus cuatro pescaditos en el balde de la ardilla.

El abuelo observó satisfecho el gesto. ¡Su nieto era muy generoso!

Había llegado la hora de la merienda.

Los amigos decidieron acomodarse sobre el césped.

El abuelo dijo:

—Pondremos este mantel. La comida no debe estar sobre el suelo.

El topito y la ardilla abrieron sus cestas. Allí había deliciosos emparedados.

A su vez, el ratón abrió la suya. Su madre había llenado su lonchera con frutas, quesos y emparedados.

—¡Vamos a comer! Hay que reponer fuerzas —dijo el abuelo.

—¡Qué merienda tan rica has traído! —dijo el topo Eusebio al ratón.

El ratón comenzó a comer. Las manzanas y el queso sabían deliciosos.

La ardilla y el topo ofrecieron sus emparedados; el ratón no. La ardilla se sintió molesta por esto. Entonces, Eusebio quiso interactuar. Propuso que los tres compartieran la comida.

—¿No sería mejor que tú también convidaras? —dijo el topo al ratón.

Detective del lenguaje	En la oración subrayada, ¿cuál es el pronombre personal?

El abuelo estuvo de acuerdo. Le parecía bueno que los amigos compartieran la comida y fueran generosos.

—Mamá ha preparado la lonchera solamente para mí —dijo el ratón, goloso.

El abuelo decidió no decir nada. A buen entendedor, pocas palabras.

Eusebio y la ardilla estaban terminando su merienda. Luego irían todos a jugar en el río y a nadar con el abuelo.

De pronto, hubo un gran relámpago en el cielo y la lluvia comenzó a caer.

Capítulo 3

La tormenta

Primero, cayeron unas gotas; luego hubo otro relámpago y la lluvia cayó copiosamente.

—¡Recojamos las cosas! ¡Rápido! El carro está un poco lejos —dijo el abuelo.

Detective del lenguaje

¿Se usa el punto y coma en esta página? ¿Dónde? ¿Y por qué?

El topo y la ardilla se pusieron sus impermeables. Pero el ratón había dejado su abrigo en el carro. Sólo tenía puesta una chompa liviana. Estaba mojado y tenía frío.

—¡Yo no tengo impermeable! —dijo temblando el ratón.

Entonces, Eusebio le ofreció su propio abrigo y la ardilla le dió su capa plástica.

El ratón aceptó la capa de la ardilla. Así tapadito, ya no tenía tanto frío.

Los tres amigos recogieron las cañas y los baldecitos y partieron hacia el carro.

Por el camino, el ratón iba pensando…

El ratón recordaba los gestos generosos de sus amigos. Había aprendido que siempre hay que compartir.

"Yo no me porté bien con ellos. He sido un poco egoísta. Debo moldear mi carácter", pensaba...

Eusebio observó al ratón y le preguntó en qué pensaba.

—Yo no me he portado bien con ustedes —dijo el ratón.

—Siempre hay que tratar de estar bien con los demás, amigo ratón, sobre todo cuando se trata de un divertido paseo —dijo el topito.

El abuelo aprobó lo dicho por su nieto.

—Sí —dijo el abuelo—. Siempre es bueno cooperar.

De regreso, el ratón convidó con sus frutas y sus quesos a sus amigos. Y al abuelo también.

Respuesta a la lectura

Resumir

Usa detalles como ayuda para resumir *Pesca en el río*.

Personaje	Pista	Punto de vista

Evidencia en el texto

1. ¿Cómo sabes que *Pesca en el río* es un cuento de fantasía? **Género**

2. En la página 5, ¿qué pensaba Eusebio acerca de sus amigos? **Punto de vista**

3. Usa claves de contexto para descubrir el significado de *a buen entendedor, pocas palabras* en la página 10. **Modismos**

4. Escribe sobre cómo cambia el ratón al final del cuento. Incluye detalles.
Escribir sobre la lectura

Género Texto expositivo

Compara los textos

Lee sobre un grupo que ayuda a niños de todas las edades.

Hermanos y Hermanas Mayores

Algunos niños tienen un hermano o hermana mayor en su familia. Otros niños tienen otra clase de hermano mayor o hermana mayor.

Hermanos y Hermanas Mayores es un grupo a nivel nacional que conecta a menores con mayores. Los mayores se ofrecen como voluntarios para ayudar y guiar a los niños. Los menores son niños de 6 a 18 años que necesitan un amigo adulto.

Los mayores y los menores realizan muchas actividades juntos.

A veces, los mayores ayudan a sus hermanos menores con las tareas.

Hermanos y Hermanas Mayores ha trabajado durante más de 100 años para ayudar a que los niños tengan una vida mejor. Los mayores actúan como modelos a seguir por los menores. Los ayudan a realizar buenas elecciones.

Hermanos Mayores (Big Brothers) comenzó en la ciudad de Nueva York en 1904. El secretario de un juzgado pidió que alguien se ofreciera como "hermano mayor" de un niño que necesitaba ayuda.

Los mayores y los menores interactúan de muchas maneras. Cada pareja es distinta pero el objetivo es siempre el mismo. Todo mayor quiere que su menor viva bien.

Los mayores y los menores también juegan juntos.

Haz conexiones

¿Por qué es importante llevarse bien con otras personas de la familia? **Pregunta esencial**

¿Cómo sabemos que los personajes y las personas en ambos textos se llevan bien? **El texto y otros textos**

Enfoque:
Estudios Sociales

Propósito Averiguar por qué es importante llevarse bien

Paso a paso

Paso 1 Investiga sobre un grupo en tu comunidad que ayude a la gente a llevarse bien. Puede ser un grupo al que ya pertenezcas, como por ejemplo, un equipo deportivo o los niños exploradores.

Paso 2 Escribe un párrafo acerca de ese grupo. Cuenta qué hace el grupo y cómo hace para ayudar a la gente a llevarse bien. Incluye detalles que muestren por qué ese grupo es especial.